BEI GRIN MACHT SICH IHR WISSEN BEZAHLT

- Wir veröffentlichen Ihre Hausarbeit, Bachelor- und Masterarbeit

- Ihr eigenes eBook und Buch - weltweit in allen wichtigen Shops

- Verdienen Sie an jedem Verkauf

Jetzt bei www.GRIN.com hochladen und kostenlos publizieren

Wigo Müller

Was tun bei unbekannten oder nicht auffindbaren Erben?

GRIN Verlag

Bibliografische Information der Deutschen Nationalbibliothek:

Die Deutsche Bibliothek verzeichnet diese Publikation in der Deutschen National-
bibliografie; detaillierte bibliografische Daten sind im Internet über http://dnb.d-
nb.de/ abrufbar.

Impressum:

Copyright © 2015 GRIN Verlag, Open Publishing GmbH
Druck und Bindung: Books on Demand GmbH, Norderstedt Germany
ISBN: 978-3-668-00464-1

Dieses Buch bei GRIN:

http://www.grin.com/de/e-book/301669/was-tun-bei-unbekannten-oder-nicht-auf-
findbaren-erben

GRIN - Your knowledge has value

Der GRIN Verlag publiziert seit 1998 wissenschaftliche Arbeiten von Studenten, Hochschullehrern und anderen Akademikern als eBook und gedrucktes Buch. Die Verlagswebsite www.grin.com ist die ideale Plattform zur Veröffentlichung von Hausarbeiten, Abschlussarbeiten, wissenschaftlichen Aufsätzen, Dissertationen und Fachbüchern.

Besuchen Sie uns im Internet:

http://www.grin.com/

http://www.facebook.com/grincom

http://www.twitter.com/grin_com

Was tun bei unbekannten oder nicht auffindbaren Erben ?

[- Juni 2015 -]

Dr. jur. Wigo M ü l l e r, Braunfels - Lahn
ArbG - Direktor a. D.

Was tun bei unbekannten oder nicht auffindbaren Erben ?
[- Juni 2015 -]

Dr. jur. Wigo M ü l l e r, Braunfels - Lahn
ArbG - Direktor a. D.

I   Einleitung

Nach dem Tod eines Menschen geht sein Aktivvermögen kraft Gesetzes auf seine/n Erben über, etwaige Schulden des Erblassers müssen von den Erben ausgeglichen werden. Nach den Regeln des gesetzlichen Erbrechts erben gem. §§ 1924 ff BGB, § 10 LPartG an erster Stelle die Abkömmlinge, der Ehegatte bzw der eingetragene Lebenspartner, ggf neben anderen Ver -wandten. Wenn keine Abkömmlinge, kein Ehegatte bzw eingetragener Lebenspartner vorhanden sind, rücken die Eltern des Erblassers und deren Abkömmlinge in der gesetzlichen Erbfolge nach. Wenn auch keine Eltern oder Geschwister des Erblassers mehr vorhanden sind, erben die Groß-eltern des Erblassers und deren Abkömmlinge. In den meisten Fällen sind die Erben eines Verstorbenen bekannt. Es gibt jedoch auch Fälle, bei denen ihre Anschriften erst ermittelt werden müssen. Schließlich kommt es vor, dass niemand mögliche Erben eines Verstorbenen kennt. Da das NachlG gem. § 1960 BGB für die Sicherung des Nachlasses zu sorgen hat, gehört dazu auch die Ermittlung der Erben (OLG Karlsruhe, 2 WF 140/09, FamRZ 2010, 672) - und zwar unabhängig davon, dass diese Pflicht nur noch nach dem Landesrecht in Bayern besteht (Palandt, BGB, 74. Auflage (2015), § 1964, RNr. 1). In Baden-Württemberg ist die Pflicht zur Ermittlung der Erben ab dem 09.05.2015 aufgehoben worden (Baden-Württemberg GBl 2015, 282). Demnach haben Richter und Rechtspfleger die Pflicht, bis zur Annahme der Erbschaft die Vermögensinteressen der zukünftigen Erben zu wahren (BGH, 1 StR 466/87, NStZ 1988 498 = BGHSt 35, 224).

II   Die Nachlasspflegschaft

Zu allererst wird das NachlG einen Nachlasspfleger bestellen und ihn mit der Ermittlung der Erben beauftragen. Bei unbekannten und möglicherweise verstorbenen Miterben kommt eine Teilnachlasspflegschaft in Frage (OLG Hamm, 10 W 112/14, ZEV 2015, 364) Wenn der Erblasser ein Testament hinterlassen hat, wird der Nachlasspfleger den/die dort benannten Erben suchen. Bei einer gesetzlichen Erbfolge wird er die Verwandtschafts-verhältnisse des Erblassers klären und nach seinen gesetzlichen Erben suchen. Die ersten Hinweise wird er bei der Durchsicht der Unterlagen des Erblassers, insbesondere seinen Adressbüchern und seinen Postsendungen bzw E-Mails finden. Auch wird er beim Postamt für den Erblasser einen Nachsendeauftrag stellen, um aus künftig eingehenden Postsendungen etwas über dessen Umfeld zu erfahren. Wenn diese Ermittlungen erfolglos sind, wird der Nachlasspfleger beim Standesamt anfragen, da die dort geführten Geburts-, Sterbe- und Heiratsregistern Aufschluss über die Verwandtschaftsverhältnisse des Verstorbenen geben. Auch Auskünfte der kirchlichen Archive, z. Bsp. dem Evangelischen Zentralarchiv in Berlin oder dem Katholischen Kirchenbuchamt in München, können zu Erben führen. Ferner können Rentenversicherungsträger, die Pensionskassen sowie die (früheren) Arbeitgeber des Erblassers Angaben zu seinen Familienverhältnissen machen. Auskünfte über die im Zweiten Weltkrieg vermißten Personen können beim Suchdienst des Deutschen Roten Kreuzes in München, beim Volksbund Deutsche Kriegsgräberfürsorge in Kassel sowie beim Bundesarchiv (Militärarchiv) in Freiburg eingeholt werden.

Der Nachlasspfleger hat nur dann einen Anspruch auf Vergütung, wenn ihm das NachlG diese bewilligt. Die Höhe richtet sich gem. §§ 1960 II, 1915 I BGB nach den für die Vergütung eines Vormunds geltenden Regeln. Während ehrenamtliche Pfleger nur Aufwendungsersatz und Aufwandsentschädigung von derzeit 323 Euro jährlich erhalten, steht dem Berufspfleger eine Vergütung zu, die seit dem 01.07.2005 im Vormünder- und Betreuervergütungsgesetz (VBVG: BGBl 2005, 1073) geregelt ist. Bei einem mittellosen Nachlass (dabei kommt es auf den aktiven Nachlass an: OLG Hamm, 10 U 266/13, ZEV 2014, 116) erhält der Pfleger aus der Staatskasse denselben Betrag wie ein Vormund, der je nach seiner Ausbildung zwischen 19,50 Euro, 25,00 Euro oder 33,50 Euro je Stunde beträgt. Mittellos ist ein Nachlass auch dann, wenn seiner Verwertung tatsächliche oder rechtliche Gründe entgegenstehen oder wenn sie in angemessener Zeit nicht möglich ist (OLG Schleswig, 3 Wx 84/13, FamRZ 2015, 281). Bei einem vermögenden Nachlass kommt es für die Höhe der Vergütung auf die Umstände des einzelnen Falles an, dh insbesondere auf den Umfang und die Schwierigkeit der vom Nachlasspfleger vorgenommenen Geschäfte Die früher praktizierte Vergütung nach Prozentsätzen wird dem nicht gerecht und scheidet deshalb aus (Kammergericht, 1 W 518/10, FGPrax 2011, 235; OLG Zweibrücken, 3 W 201/07, NJW-RR 2008, 369). Die Vergütung ist deshalb nach dem Zeitaufwand abzurechnen; hier hat das OLG Dresden (10.07.2010, 17 W 699/10) zehn Minuten für die Prüfung eines Zahlungseingangs nicht beanstandet. Über den einem Rechtsanwalt zustehenden Stundensatz gibt es noch keine einheitliche Rechtsprechung. Neuere OLG-Entscheidungen unterscheiden zwischen einfachen, mittleren und schwierigeren Pflegschaften; ein Überblick ist dem Beschluß der OLG Dres -den vom 15.05.2015 (17 W 242/15) und des OLG Karlsruhe vom 11.03.

2015 (11 Wx 11/15) zu entnehmen. Je nach dem Grad der Schwierigkeit wurden folgende Vergütungen gewährt:

Schwierigkeitsgrad

Einfach	mittel	schwierig
33.50 Euro	43 Euro bis 110 Euro	über 110 Euro

Zinsen kann der Pfleger nur ausnahmsweise auf Grundlage der §§ 288, 291 BGB verlangen (BayObLG, 1 ZBR 84/03, FamRZ 2004, 1995). Wenn ein zum Pfleger bestellter Rechtsanwalt den überwiegenden Teil seiner Tätigkeit nach dem RVG abrechnen kann, während sich die darüber hinausgehende Nachlassabwicklung auf die Fertigung von Berichten an das NachlG beschränkt, wird durch die Rechtsanwaltsgebühren der gesamte Arbeits- und Zeitaufwand abgedeckt (Kammergericht, 1 W 195/05, FamRZ 2006, 651). Der Pfleger kann neben seiner Vergütung den Ersatz seiner Aufwendungen verlangen; dazu gehören auch die, die durch die Beschäftigung seiner Hilfskräfte entstanden sind (BayObLG, 3 ZBR 189/ 02, FGPrax 2003, 76). Einem als Pfleger bestellten Rechtsanwalt steht eine nach dem RVG zu berechnende Vergütung nur dann zu, wenn er eine Aufgabe wahrnimmt, die sich als eine für einen Anwalt spezifische Tätigkeit darstellt und die ein Laie üblicherweise einem Anwalt übertragen würde (OLG Schleswig, 3 Wx 11/13, NJW 2013, 3189).
Der Vergütungsanspruch des Pflegers erlischt, wenn er nicht binnen fünfzehn Monaten ab seiner Entstehung beim NachlG geltend gemacht wird, wobei der Lauf der Ausschlussfrist unabhängig davon ist, ob es sich um einen vermögenden oder mittellosen Nachlass handelt. Zur Verlängerung der Frist: OLG Bremen, 5 W 19/11, ZEV 2013, 85. Voraussetzung für die Entstehung des Anspruchs auf Vergütung ist neben der Wirksamkeit der Bestellung allein der Beginn der konkreten abgerechneten Tätigkeit, wobei die Ansprüche taggenau entstehen (OLG Naumburg, 2 Wx 15/11, FamRZ 2012, 581). Auf das Erlöschen des Vergütungsanspruchs kann sich das NachlG nicht berufen, wenn es dem Nachlasspfleger dafür eine Frist von drei Monaten nach Aufhebung der Pflegschaft eingeräumt hat (OLG Naumburg, 2 Wx 24/14, ZEV 2014, 506).
Die Vergütung des Pflegers und seine Aufwendungen sind Nachlassverbindlichkeiten, für die die Erben haften (OLG Frankfurt, 20 W 417/92, NJW-

RR 1993, 267), nicht auch der Nichterbe, der die Pflegschaft beantragt hat (OLG Düsseldorf, 10 W 134/01, Rechtspfleger 2002, 227). Bei der Vergütungsfestsetzung kann der Einwand, der Pfleger habe sein Amt mangelhaft ausgeführt, nicht geprüft werden (OLG Schleswig, 3 Wx 19/11, FamRZ 2012, 143); solche Ansprüche auf Schadensersatz sind im ordentlichen Zivilprozeß geltend zu machen. Eine Ausnahme gilt nur unter dem Gesichtspunkt der Verwirkung; z. Bsp. wenn es um strafbare Vorwürfe geht, etwa um Untreue oder Unterschlagung (Kammergericht, 1 W 454/03, NJW-RR 2007, 1598); dann kann die Vergütung ermäßigt werden (RGZ 154, 110). Wenn die Tätigkeit des Pflegers keinen Nutzen für den Erben hatte, entsteht überhaupt kein Anspruch auf Vergütung (Kammergericht, 1 W 454/03, NJW-RR 2007, 1598; BayObLG, 3 Z 188/87, NJW 1988, 1919;).

Die vom NachlG festgesetzte Vergütung und seine Aufwendungen kann der Pfleger dem Nachlass entnehmen (BGH, IX ZA 03/04, FamRZ 2006, 411); zu Unrecht entnommene Beträge muß er zurückzahlen (BGH, 16.12. 2004, IX ZR 25/01). Die Tätigkeit als Pfleger ist keine ehrenamtliche nach § 4 Nr. 26 UStG und daher nicht steuerbefreit (BFH, V R 31/11, ZEV 2013, 48).

III Der Erbenermittler

Wenn die Bemühungen des Nachlasspflegers erfolglos bleiben, kann er Erbensucher beauftragen (OLG Schleswig, 2 W 202/04, FGPrax 2005, 129); dazu bedarf er keiner Genehmigung des NachlG (OLG Frankfurt, 20 W 445/97, ZEV 2000, 458). Vor der Beauftragung eines Erbenermittlers muß der Nachlasspfleger selbst alle erforderlichen und zumutbaren Maßnahmen zur Erbensuche ergreifen, andernfalls er sich schadensersatzpflich-tig macht (LG Berlin, 23 O 613/10, ZEV 2012, 413); dies gilt auch bei gesetzlichen Erben der 3. Ordnung (OLG Düsseldorf, 3 Wx 192/13, ErbR 2014, 493). Einen Anspruch auf Honorar haben Erbenermittler nur, wenn sie dies mit den Erben vereinbart haben (BGH, III ZR 322/98, NJW 2000, 72); ein Anspruch aus Geschäftsführung ohne Auftrag oder Bereicherungsrecht entsteht nicht (BGH, III ZR 209/05, NJW-RR 2006, 656). Allgemein wird ein Honorar von 10 bis 30 % des Reinnachlasses anerkannt (OLG Brandenburg, 11 U 157/07, ZErb 2008, 278; LG München I, 26 O 10845/05, ZErb 2006, 171), das um die Mehrwertsteuer erhöht wird (LG Darmstadt, 13 O 15/99, ZEV 2000, 368). Bei einer geringen Erbschaft hat das OLG Celle (21 U 49/97, ZEV 1999, 449) ein Honorar von 20 % als üblich angesehen.

Die den Sachverhalt aufklärenden Erbenermittler verstoßen nicht gegen das RBerG (BVerfG, 1 BvR 2251/01, ZEV 2003, 119), doch kann die Regelung des Nachlasses eine erlaubnispflichtige Rechtsberatung sein (BGH,

I ZR 143/00, NJW 2003 3046; LG Leipzig, 5 O 2847/04, NotBZ 2006, 35). In Erbscheinsverfahren sind die gewerblichen Erbenermittler von der Vertretung eines Miterben ausgeschlossen, sofern sie nicht als Rechtsanwälte oder Notare zugelassen sind (§ 10 II, III FamFG) (BVerfG, 1 BvR 1632/10, NJW 2010, 3291). Dagegen ist es einem als Rechtsbeistand in Nachlasssachen zugelassenen Erbenermittler nicht verwehrt, dem von ihm ermittelten Erben die zur Nachlassabwicklung gebotenen rechtsbesorgenden Tätig -keiten unaufgefordert anzubieten (BGH, I ZR 143/ 03, NJW 2006, 3568). Zum Auskunftsanspruch des Erbenermittlers gegenüber dem Standesamt: Kammergericht, 1 W 339/12, FamRZ 2013, 1412; OLG Schleswig, 2 W 202 /04, FGPrax 2005, 129. Der Erbensucher übt ein Gewerbe und keinen freien Beruf aus (BFH, I 349/61 U, BStBl III 1965, 263; VG Münster, 09.06. 2011, 9 K 2508/09).

Schrifttum:

Späth, Die gewerbliche Erbensuche im grenzüberschreitenden Rechtsverkehr, ZErb 2008, 423;

Frank, Rechtsprobleme professioneller Erbenermittlung, insbesondere die Benutzung der Personenstandsbücher durch gewerbliche Erbenermittler, StAZ 2007, 165;

Gutbrod, Rechtsfragen der Erbenermittlung, ZEV 1994 337

IV   Das Erbrecht des Fiskus

Wenn auch die Erbenermittler angeblich Erfolgsquoten von über 85 % haben, bleiben ihre Bemühungen mitunter erfolglos. Wenn zur Zeit des Erbfalls kein Verwandter, Ehegatte oder Lebenspartner des Erblassers vorhanden ist, tritt der Staat (= Fiskus) gem. § 1936 BGB als gesetzlicher Erbe ein, der das Erbe nicht ausschlagen kann. Sinn und Zweck des gesetzlichen Erbrechts des Staates ist es, herrenlose Nachlässe zu vermeiden und für eine ordnungsgemäße Abwicklung des Nachlasses zu sorgen (BGH, IV ZB 15/11, FamRZ 2012, 367). Bei einem überschuldeten Nachlass haftet der Fiskus als gesetzlicher Erbe - ohne Inventarpflicht und ohne Urteilsvorbehalt - immer nur mit dem ererbten Vermögen (BGH, II ZR 299/01, DB 2002, 2526). Von dem Fiskus und gegen den Fiskus als gesetzlichen Erben kann gem. § 1966 BGB ein Recht erst geltend gemacht werden, nachdem vom NachlG festgestellt wurde, dass ein anderer Erbe nicht vorhanden ist.

Wenn das gesetzliche Erbrecht des Fiskus im Sinne des § 1936 BGB in Betracht kommt, ist grundsätzlich die Durchführung des Feststellungsverfahrens nach §§ 1964, 1965 BGB von Amtswegen veranlasst; die Einleitung des Verfahrens kann jeder anregen, auch ein Nachlassgläubiger (OLG Schleswig, 3 Wx 16/12, SchlHA 2013, 70; OLG München, 31 Wx 164 /11, NJW-RR 2011, 1379). Mit dem vorgesehenen Aufgebotsverfahren wird einem unbekannten oder nicht auffindbaren Erben die Möglichkeit gegeben sich zu melden und damit seine Ansprüche am Nachlass geltend zu machen. Die Werthaltigkeit des Nachlasses ist lediglich bedeutsam für den Umfang der gebotenen Ermittlungen, nicht aber für die Entscheidung selbst, ob überhaupt ein Feststellungsverfahren durchzuführen ist (OLG München, 31 Wx 164/11, NJW-RR 2011 1379). Erbe wird das Bundesland, in dem der Erblasser im Zeitpunkt seines Todes seinen letzten Wohnsitz, oder wenn ein solcher nicht feststellbar ist, seinen gewöhnlichen Aufenthalt hatte; wenn dies in mehreren Bundesländern der Fall war, erben diese als Miterben. Bei ausländischen Erblassern wird die Bundesrepublik Deutschland Erbe. In einem vom Fiskus beantragten Erbschein ist als Erbe das begünstigte Bundesland, bzw die Bundesrepublik Deutschland, anzugeben.

Hinweis:
In Hessen werden die Fiskalerbschaften seit dem 01.08.2005 von der OFD Frankfurt verwaltet (Hess FM, StAnz 2005, 3705). Die daraus stammenden Mittel werden meist für kulturelle und/oder gemeinnützige Zwecke verwen-det. Bundesweit waren es im Jahr 2004 etwa 18 Millionen Euro, in NRW im Jahr 2012 allein 6.6 Millionen Euro.

Bevor das NachlG gem. § 1964 BGB feststellt, dass kein anderer Erbe als der Fiskus vorhanden ist, muß es gem. 1965 BGB öffentlich, dh gem. § 435 FamFG durch Aushang an der Gerichtstafel, durch Veröffentlichung im elek -tronischen Bundesanzeiger (BAnz) oder auf andere Weise, z. Bsp. durch Anzeigen in Tageszeitungen, zur Anmeldung privater Erbrechte auffordern. Die öffentliche Aufforderung der unbekannten Erben kann gem. § 1965 I 2 BGB unterbleiben, wenn die Kosten dem Bestande des Nachlasses gegenüber unverhältnismäßig groß sind; dies wird nur ausnahmsweise der Fall sein, da durch die elektronische Veröffentlichung im BAnz nur Kosten von etwa 100 Euro entstehen. Wenn das NachlG das Verfahren nach § 1965 BGB unterlässt, kann ein Erbe gegen die Feststellung des Fiskuserbrechts Beschwerde einlegen (Kammergericht, 1 W 471/10, NJW-RR 2011, 587).

Die Anmeldefrist muß im Aufgebot gem. § 437 FamFG mindestens sechs Wochen betragen; sie kann jedoch verlängert werden.

Ein Muster für den Beschluss ist nachfolgend abgedruckt:

B e s c h l u s s

In der Nachlaßsache des ....

geb. am .... in ...., verstorben am .... in ...., zuletzt wohnhaft in ....

wurde kein Erbe ermittelt. Es werden diejenigen, denen Erbrechte an dem Nachlass zustehen, aufgefordert, ihre Rechte innerhalb von sechs Wochen seit Ausgabe des diese Aufforderung enthaltenden elektronischen BAnz bei dem NachlG anzumelden. Andernfalls wird das Land .... (bzw die Bundesrepublik Deutschland) als Erbe festgestellt.

AG ... NachlG ..... den ....

Wenn sich innerhalb der Anmeldungsfrist niemand meldet, kann sofort durch Beschluss festgestellt werden, dass kein anderer Erbe als der Fiskus vorhanden ist. Meldet sich jemand vor Ablauf der Frist, so hat er binnen drei Monaten nach dem Ablauf der Frist dem NachlG nachzuweisen, dass sein Erbrecht besteht. § 1965 II BGB sieht zudem eine sich daran anschließende Frist von drei Monaten vor, innerhalb der ein Erbe seine Rechte wahren kann, indem er entweder nachweist, dass er Erbe ist oder sein Recht gegen den Fiskus im Wege der Klage geltend gemacht hat.

Sieht das NachlG den Nachweis des Erbrechts als geführt an, so hat es durch Beschluss die Feststellung abzulehnen, dass kein anderer Erbe als der Fiskus vorhanden ist. Sofern dem angeblichen Erben der Nachweis seines Erbrechts nicht gelingt, stellt das NachlG gem. § 1964 BGB durch Beschluss fest, dass kein anderer Erbe als der Fiskus vorhanden ist.

Auch für diesen Beschluss ist ein Muster abgedruckt:

B e s c h l u s s

In der Nachlaßsache des ....

geb. am .... in .... verstorben am .... in ...., zuletzt wohnhaft in ....

wird festgestellt, dass Erbe der Fiskus, das Land .... (bzw die Bundesrepublik Deutschland) ist.

AG ..... NachlG .... den ....

Bei dem Feststellungsbeschluss handelt es sich um eine Endentscheidung im Sinne der §§ 38 I, 58 I FamFG, gegen die die befristete Beschwerde nach §§ 58 ff FamFG gegeben ist (BGH, IV ZB 15/11, FamRZ 2012, 367). Der Feststellungsbeschluss erwächst nur in formelle, nicht aber in materielle Rechtskraft; dh er stellt das Erbrecht des Fiskus nicht mit materieller Wirkung fest, sondern begründet gem. § 1964 II BGB nur eine zur Beweislastumkehr führende Vermutung. Durch einen solchen Beschluss werden weder das Erbrecht des Staates begründet, noch Erbrechte bislang unermittelt gebliebener Erben ausgeschlossen. Der Beschluss hat also keine rechtsbegründende Wirkung und schließt weder eine anderweitige Feststellung der tatsächlichen Erben im Wege des Zivilprozesses, noch die Erteilung eines Erbscheins mit abweichender Erbfolge aus. Ein Feststellungsbeschluss ersetzt den Erbschein nicht. Wenn sich der Staat als Eigentümer eines Grundstücks des Erblassers ins Grundbuch eintragen lassen oder über dessen Bankguthaben verfügen möchte, bedarf er dazu eines Erbscheins (BayObLG, 2 Z 28/87, MDR 1987, 762; OLG Frankfurt, 20 W 515/83, MDR 1984, 145). Wenn der Fiskus einen Erbschein beantragt, genügt ein mit Dienstsiegel versehener Antrag, bei dem auf das Feststellungsverfahren Bezug genommen wird; eine eidesstattliche Versicherung ist ebenso entbehrlich, wie Bekanntmachungen und Veröffentlichungen. Der Erbschein lautet: Erbe ist der Fiskus des Landes ..... (bzw der Bundesrepublik Deutschland). Durch die Feststellung des Fiskuserbrechts übernimmt das Land (bzw der Bund) auch die öffentlich-rechtlichen Pflichten eines Erben, z. Bsp. die nach dem Erbfall entstehenden Grundsteuerschulden (VGH München, 27.02.2008, 4 CS 07.3354), nach VG Köln (04. 05.2006, 20 K 391/05) jedoch nur dann, wenn sie aus dem Nachlass beglichen werden können.

Der Beschluss nach § 1964 BGB kann bei Vorliegen neuer Tatsachen von Amtswegen aufgehoben werden (BGH, IV ZB 15/11, FamRZ 2012, 367), z. Bsp. wenn sich später noch ein Erbe meldet (BGH, V ZR 280/02, WM 2003 1681). Regelmäßig erfolgt dies, indem die wahren Erben einen Antrag auf Erteilung eines Erbscheins stellen. Mit dessen Erteilung ist die Aufhebung der Feststellung, die zugunsten des Fiskus getroffen wurde, zu verbinden und der dem Fiskus erteilte Erbschein einzuziehen. Der wirkliche Erbe kann aufgrund des ihm erteilten Erbscheins vom Staat die Herausgabe der Erbschaft nebst gezogenen Zinsen verlangen (LG Potsdam, 1 O 35/07, NVwZ-RR 2008, 513). Ihm gegenüber hat der Fiskus gem. § 2022 BGB einen Anspruch auf Ersatz seiner Verwendungen und Aufwendungen (BGH IV ZB 15/11, ZEV 2012, 150), wobei sich die Höhe des Kostenersatzes nach dem tatsächlichen Aufwand unter Hinzurechnung der Gemeinkosten (z. Bsp. Verwaltungs- und Bürokostenanteile) (HessFM, StAnz 2010 2833) richtet, die entsprechend § 287 ZPO geschätzt werden können.

Für das Verfahren zur Feststellung des Staatserbrechts und die Erteilung eines Erbscheins wird gem. § 2 GNotKG (BGBl 2013, 2586) keine Gebühr erhoben. Der Erbe haftet deshalb nicht als Interessenschuldner für die Kosten des Verfahrens, weil es nicht in seinem Interesse geführt wird, sondern die Feststellung des Staatserbrechts ermöglichen soll (Kammergericht, 1 W 6011/95, ZEV 1997, 118).

Schrifttum:

Mayer, Fiskuserbrecht und Erbenermittlung: Probleme des „erbenlosen Nachlasses", ZEV 2010, 445;

Holl, Das Erbrecht des Staates, Rechtspfleger 2008, 285.

Frohn, Feststellung des Fiskalerbrechts und Erbenaufgebot, FamRZ 1986, 37

OFD Niedersachsen, Zum Erbrecht des Fiskus, ZEV 2010, 33

V   Das Verfahren auf Erteilung eines Erbscheins

Wenn ein Erbe einen Antrag auf Erteilung eines Erbscheins stellt, spielt die Frage eine Rolle, was mit einem unbekannten Erben zu geschehen hat. Das NachlG darf einen Erbschein gem. § 2359 BGB nur erteilen, wenn es die zur Begründung des Antrags erforderlichen Tatsachen für festgestellt erachtet. Dabei ist § 2358 I BGB zu beachten, nach dem es von den vom Antragsteller angegebenen Beweismitteln von Amtswegen die zur Feststellung der Tatsachen erforderlichen Ermittlungen zu veranstalten und die geeignet erscheinenden Beweis aufzunehmen hat. Der Grundsatz der Amtsermittlung verpflichtet das NachlG, alle zur Aufklärung des Sachverhalts dienlichen Beweise zu erheben. Das NachlG darf seine Ermittlungen erst abschließen, wenn von einer weiteren Beweisaufnahme ein sachdienliches, die Entscheidung beeinflussendes Ergebnis nicht mehr zu erwarten ist (BGH, V ZB 07/63, NJW 1963, 1972 = BGHZ 40, 54; BayObLG, 1 ZBR 76/96, NJW-RR 1997, 07). Andererseits soll sich die Prüfung auf die von den Beteiligten geltend gemachten Gründe beschränken (BayObLG, 1 ZBR 26/98, ZEV 1998, 431). Überdies muß der Antragsteller an den Ermittlungen des NachlG durch vollständige und wahrheitsgemäße Angaben mitwirken (Kammergericht, 1 W 159/05, ZEV 2006, 75); wenn der Antragsteller das ihm Zumutbare unterlässt, dass der Erbschein wie beantragt erteilt werden kann, darf das NachlG nach erfolgloser Zwischenverfügung seine Ermittlungen einstellen und den Erbscheinsantrag abweisen (OLG Frankfurt, 20 W 453/10, NJW-RR 2011, 1516). Das NachlG darf den Antrag auf den Erbschein nicht wegen fehlender Urkunden zurückweisen, wenn der

Antragsteller alles ihm Zumutbare zu deren Vorlage unternommen hat (LG Rostock, 2 T 230/02, FamRZ 2004, 1518); ggf kann auf die formelle Todeserklärung eines im Kriege Verschollenen verzichtet werden (LG Osnabrück, 10 T 846/02, RNotZ 2003, 574). Wenn es auch im Erbscheinsverfahren keine formelle Beweislast gibt, trägt für die das Erbrecht begründenden Tatsachen derjenige die Beweislast, der das Erbrecht in Anspruch nimmt und für die das Erbrecht beseitigenden Tatsachen derjenige, dem diese zugute kämen (Kammergericht, 1 W 2992/90, NJW-RR 1991, 392).

1) Der Aufenthaltsort eines Erben ist unbekannt

Wenn ein Erbe bekannt, aber sein Aufenthaltsort unbekannt ist, kommt die Bestellung eines Abwesenheitspfleger nach § 1911 BGB in Betracht. Er hat die Interessen des unbekannten Erben zu wahren. Das NachlG wird ihn in seinen Erbschein mit seinem Anteil am Nachlass aufnehmen und dort vermerken, dass er durch einen Abwesenheitspfleger vertreten wird.

Beispiel
Eine Erblasserin E ist kraft Gesetzes von ihren drei leiblichen Kindern A, B und C beerbt worden. Der Aufenthaltsort des C ist nicht bekannt und konnte auch trotz der gebotenen Bemühungen nicht ermittelt werden. Der Erbschein lautet demnach wie folgt:

Erben der verstorbenen E sind A, B und C zu je 1/3

Der für C bestellte Abwesenheitspfleger wird den auf C entfallenden Anteil am Nachlass geltend machen und den bei der Erbauseinandersetzung erhaltenen Betrag gem. § 372 BGB zu dessen Gunsten beim AG hinterlegen. Wenn sich C meldet, kann er über seinen beim AG hinterlegten Anteil am Nachlass der E verfügen. Beim Streit mehrerer Miterben steht dem wirklichen Rechtsinhaber gegen die/den anderen ein bereicherungsrechtlicher Anspruch auf Einwilligung in die Herausgabe zu (BGH, IV ZR 243/12, ZErb 2014, 59).
Meldet sich der Begünstigte nicht, verfällt der hinterlegte Betrag nach Ablauf der Hinterlegungsfrist zu Gunsten der jeweiligen Landeskasse. Einschlägig ist das jeweilige Landesrecht, in Hessen das Hinterlegungsgesetz (HintG - Hess GVBl 2010, 306), nach dessen § 27 die Hinterlegungsfrist 30 Jahre beträgt; nach § 30 HessHintG verfällt die Hinterlegungsmasse nach Ablauf von 30 Jahren dem Land.

2) Die unbekannten (Mit-)Erben

Schwieriger ist die Rechtslage, wenn der Antragsteller eines Erbscheins nicht weiß, ob besser oder gleichberechtigte Erben vorhanden sind. Wenn seine Bemühungen um deren Ermittlung ausreichend, aber ergebnislos waren, kann das NachlG gem. § 2358 II BGB eine öffentliche Aufforderung zur Anmeldung dieser Personen erlassen. Dieses Verfahren soll dazu dienen, den Kreis der möglichen Erben zu begrenzen und dadurch die Erteilung eines Erbscheins ermöglichen (Palandt, BGB, 74 Auflage (2015), § 2385 RNr. 13). Mit dem Aufgebotsverfahren wird einem unbekannten oder nicht auffindbaren Erben die Möglichkeit gegeben, sich zu melden und damit seine Ansprüche am Nachlass geltend zu machen. Ob ein Aufgebotsverfahren durchgeführt wird, steht im pflichtgemäßen Ermessen des NachlG; es kommt selbstverständlich nicht in Frage, wenn alle Miterben bekannt sind, sich aber einer von ihnen weigert, sich an der Erbauseinandersetzung zu beteiligen. Das NachlG übt das Ermessen auch dann fehlerfrei aus, wenn es einen Antragsteller zum Nachweis des Todes eines verschollenen Beteiligten darauf verweist, zunächst das Verfahren auf Todeserklärung nach dem VerschG zu betreiben (OLG Hamm, 15 W 263/98, FGPrax 1997, 27). Die Ablehnung der öffentlichen Aufforderung soll nach Ansicht des LG Frankfurt (2/9 T 1058/83, Rechtspfleger 1984, 191) nicht anfechtbar sein.

Auch im Aufgebotsverfahren zur Ermittlung von Erben bestimmen sich die Art der Bekanntmachung und die Dauer der Anmeldungsfrist nach den allgemeinen Vorgaben der §§ 433 ff FamFG. Die Aufgebotsfrist beträgt mindestens sechs Wochen; beim Aufgebot von Erben sind jedoch längere Fristen üblich, insbesondere dann, wenn Erben im Ausland vermutet werden. Durch das Aufgebot der unbekannten Erben wird öffentlich, dh gem. § 435 FamFG durch Aushang an der Gerichtstafel, durch Veröffentlichung im elektronischen BAnz oder auf andere Weise, z. Bsp. durch Anzeigen in Tageszeitungen, zur Anmeldung privater Erbrechte aufgefordert. Wenn sich vor Erteilung des Erbscheins jemand auf das Aufgebot meldet und sein Erbrecht nachweist, wird ihn das NachlG bei seiner Entscheidung über den Erbscheinsantrag berücksichtigen. Die meisten Aufgebotsverfahren bleiben aber ergebnislos; allenfalls melden sich Personen, die gegen Entgelt nach den unbekannten Erben suchen möchten. Wenn sich auf das Aufgebotsverfahren kein Erbe meldet, wird bei der Entscheidung über den Erbscheinsantrag angenommen, dass es keine weiteren Erben gibt. Dies bedeutet aber nicht, dass ein nicht angemeldetes Recht erlischt - es bleibt „nur" unberücksichtigt (LG Berlin, 24 T 2206/50, DNotZ 1951, 525); denn der Erbe hat durch das Erbenaufgebot und die Erteilung des Erbscheins sein Recht auf das Erbe nicht verloren. Wenn sich später noch ein Erbe meldet und sein Erbrecht nachweist, muß der zuvor erteilte Erbschein als unrichtig eingezogen werden.

Die Kosten des Aufgebotsverfahrens hat gem. §§ 24 Ziff. 9 GNotKG, 342 FamFG der Erbe zu tragen.

VI Nachtrag

Die vorstehenden Hinweise sind gründlich bearbeitet. Fehler sind dennoch nicht auszuschließen, zumal die umfangreiche Rechtsprechung und die Literatur kaum noch überschaubar sind. Für etwaige Unrichtigkeiten kann keine Haftung übernommen werden. Hinweise, Anregungen und Vorschläge für Verbesserungen sind erwünscht.